Karl Rahner

Warum gerade heute Christ bleiben?

Karl Rahner

Warum gerade heute Christ bleiben?

Herausgegeben von
Andreas R. Batlogg
und Peter Suchla

Matthias Grünewald Verlag

VERLAGSGRUPPE PATMOS

PATMOS
ESCHBACH
GRÜNEWALD
THORBECKE
SCHWABEN
VER SACRUM

Die Verlagsgruppe
mit Sinn für das Leben

MIX
Papier | Fördert gute Waldnutzung
FSC® C014496

Die Verlagsgruppe Patmos ist sich ihrer Verantwortung gegenüber unserer Umwelt bewusst. Wir folgen dem Prinzip der Nachhaltigkeit und streben den Einklang von wirtschaftlicher Entwicklung, sozialer Sicherheit und Erhaltung unserer natürlichen Lebensgrundlagen an. Näheres zur Nachhaltigkeitsstrategie der Verlagsgruppe Patmos auf unserer Website www.verlagsgruppe-patmos.de/nachhaltig-gut-leben

Verlagsgruppe Patmos in der Schwabenverlag AG, Ostfildern
www.gruenewaldverlag.de

Umschlaggestaltung: Finken & Bumiller
Umschlagabbildung: © Deutsche Region der Jesuiten
Satz: Schwabenverlag AG, Ostfildern
Druck: GGP Media GmbH, Pößneck
Hergestellt in Deutschland
ISBN 978-3-7867-3369-0

Inhalt

»Will ich ›noch‹ Mensch sein?«

Einführung der Herausgeber

Es klingt ein wenig trotzig: Warum gerade heute Christ bleiben? »Gerade heute«: Warum sich (noch) als Christ bekennen, obwohl … und überhaupt …? Schnell gerät man ins Jammern, ins Krank- und Kaputtreden. Das aber frisst sich wie ein Virus in unser Lebensgefühl und in unser Glaubensbewusstsein. Und lässt am Ende tatsächlich manche fragen, warum sie eigentlich dem Glauben und der Kirche treu bleiben sollen.

Schwindet nicht in unserem Land mehr und mehr alles Christliche? Das christliche Welt- und Menschenbild, christliche Glaubenspraxis und -traditionen, christliches Wertebewusstsein? Früher waren junge Menschen mutig, wenn sie sonntags, statt in den Gottesdienst zu gehen, lieber draußen vor der Kirche eine Zigarette rauchten. Heute sind junge Menschen mutig, wenn sie sonntags in den Gottesdienst gehen. Denn die Entchristlichung unserer Gesellschaft ist so weit fortgeschritten, dass der sonntägliche Kirchgang alles andere als selbstverständlich, für manche sogar befremdlich ist. Viele Klöster stehen leer, viele Pfarrämter bleiben unbesetzt. Über 500000 Menschen sind im Jahr 2022 aus der katholischen Kirche ausgetreten – eine schockierende Zahl; nicht weniger schockierend sind die Zahlen in den protestantischen Kirchen. Was macht das mit uns selbst? Was macht das mit unserem eigenen Christsein? Eines ist gewiss: Das Christsein heute entwickelt sich massiv weg vom traditionellen Mitläufer-Christsein hin zum Entscheidungs-Christsein.

Aber die Entscheidung zum Christsein wird einem in diesen Zeiten wahrlich nicht leicht gemacht. Und es ist nicht nur die Entchristlichung unserer Gesellschaft, nein, an dieser Entscheidung zum Christsein zerrt auch die Liste beklagenswerter Zustände in der Kirche selbst: nicht nachvollziehbares

Klammern an Verboten wie z. B. der Frauenordination, autoritäre Ämterbesetzungen, panische Angst vor Reformen, skandalöse Missbrauchsfälle und deren Vertuschung durch Kirchenobere … Es braucht schon sehr viel Frustrationstoleranz, um da an der eigenen Entscheidung festzuhalten.

Wäre es nicht besser, aus dieser frustrierenden Kirche auszutreten wie all die vielen anderen Austrittswilligen? Es wird ja zuweilen schon gesagt, heute sei es nicht mehr aktuell, zu fragen, ob der Mensch Religion braucht, sondern ob der religiöse Mensch die Kirche braucht.[1] Braucht man denn die Kirche, um an Gott zu glauben?

Karl Rahner und die Kirche

Der aus Freiburg stammende Theologieprofessor Karl Rahner (1904–1984) hat nie ein Hehl daraus gemacht, dass die Kirche und der Jesuitenorden seine Heimat sind. Ein Austritt war für ihn undenkbar. Gründe hätte er durchaus gehabt. Vermutlich sogar mehr als die allermeisten derer, die im vergangenen Jahr in Deutschland aus der Kirche ausgetreten sind: überharte Reaktionen vatikanischer Behörden ihm gegenüber, Anfeindungen außerhalb wie innerhalb seines Ordens, die Liste ist lang. Rahner aber blieb.

Gegenüber Studierenden meinte er noch ein Jahr vor seinem Tod: Trotz negativer Erfahrungen könne er der auf ihn modisch wirkenden Frage »Bleibe ich noch in der Kirche?« nichts abgewinnen: »Das ist so, als würde ich fragen wollen: ›Will ich ›noch‹ Mensch sein?‹ Oder: ›Will ich ›noch‹ in diesem armseligen 20. Jahrhundert weiterleben?‹ [...] Ich gehe davon aus, dass ein Christ in seiner Kirche bleibt – trotz allen Ärgers über sie.«[2]

War Rahner denn blind für all das, was uns heute verunsichert? Blind für die immer größer werdende Entchristlichung unserer Gesellschaft, blind für die Skandale innerhalb der Kirche selbst? Was ließ ihn trotz allem an seiner Entscheidung festhalten? Fehlendes Nachdenken oder gar mangelhaftes Denkvermögen kann es nicht gewesen sein, er gilt als einer der größten Denker des 20. Jahrhunderts; die Gesamtausgabe seiner Werke umfasst rund 40 großformatige Bände mit jeweils ca. 600 bis 900 Seiten. Nein, auf fehlendes Nachdenken ist seine Treue zum christlichen Glauben und zur Kirche nicht zurückzuführen. Was war es dann? Die hier vorgelegte Textauswahl aus seinen Schriften will darauf eine Antwort geben.

Diese Antwort kann vielleicht auch helfen, den Zwiespalt zwischen Glaube und Kirche, den manche Christen empfinden, zu beenden – wobei dieser Zwiespalt freilich viele Wurzeln haben kann. Eine dieser Wurzeln dürfte auch der Sprachgebrauch sein. Denn über »Kirche« zu reden, hat zwei Seiten. Die eine: Solange Menschen einander von diesem Jesus von Nazaret erzählen, solange Menschen diesem Jesus im Leben und Sterben vertrauen, solange wird es Christen geben. Denn genau das heißt Christsein: sich dafür entschieden zu haben, diesem Jesus von Nazaret im Leben und Sterben zu vertrauen – und auf diese Weise auch dem zu vertrauen, dem Jesus selbst sich im Leben und Sterben anvertraut hat: Gott, den er überraschend »Abba« (Vater) nannte.[3] Die Menschen, die von Jesus erzählen und ihm vertrauen, sind eine Gruppe mit gemeinsamer Überzeugung: Sie glauben diesem Jesus, sie sind eine Glaubensgemeinschaft, die man auch »Kirche« nennt. Das ist die eine Seite.

Die andere: Immer, wenn eine Gruppe mit gemeinsamer Glaubensüberzeugung wächst, sich entfaltet und mehr und mehr soziale

Aufgaben übernimmt, bilden sich Strukturen und Verantwortlichkeiten, entsteht eine Institution, die größer und größer wird. Daher ist das Wort »Kirche« heute ein Mammut-Wort: Es umschreibt nicht nur die Gruppe der Menschen mit gemeinsamer Glaubensüberzeugung, sondern eine Gesamt-Institution mit Strukturen (wie Diözesen und Pfarreien), mit Gebäuden (von der Friedhofskapelle bis zu den großen Kathedralen), mit Klöstern und Ordensgemeinschaften, mit hauptamtlichen, neben- und ehrenamtlichen Mitarbeitern, mit Organisationen (wie der Caritas oder den Entwicklungshilfswerken »Missio«, »Misereor« und »Adveniat«), mit Sozialeinrichtungen (wie Kindergärten, Alten-, Pflegeheimen,

Krankenhäusern) usw. – ein riesiger Apparat mit enormem Finanzierungsbedarf. Das soll hier keineswegs schlechtgeredet werden, warum auch? Schließlich stehen hinter allem gute Absichten und sinnvolle Ziele, getragen von christlichem Geist. Aber es macht das Sprechen über »Kirche« so schwierig: Meint man mit diesem Wort die Gruppe der Menschen, die Jesus im Leben und Sterben vertrauen, oder meint man mit diesem Wort den institutionellen Riesen-Apparat? Es ist gut, sich diese Unterscheidung vor Augen zu halten, wenn man das Wort »Kirche« benutzt. Weil man dann möglicherweise jeweils zu unterschiedlichen Antworten kommt.

2024 war das Jahr, in dem des 40. Todestages von Karl Rahner gedacht wurde. In München fand, erstmals seit 2018, wieder eine *Rahner Lecture* statt. Etliche Artikel erinnerten an den Jahrhunderttheologen und würdigten seine Lebensleistung. Vieles, was heute Allgemeingut in der Theologie ist, geht auf Rahner zurück. Der Rektor der Theologischen Fakultät Paderborn, Aaron Langenfeld, der sein Theologiestudium 1985, ein Jahr nach Rahners Tod, begonnen hat, schreibt: »Wer Theologie treiben will, muss sich zu den Dingen aufmachen und sein religiöses Denken immer neu erproben. Rahner im Denken zu folgen, heißt daher – in Anlehnung an Thomas von Aquin – nicht über ihn zu denken, sondern mit ihm zu den Sachen selbst zu gehen.«[4] Ja, Rahner ist zu den Sachen gegangen. Er ist keiner Frage ausgewichen. Er hat früher noch als andere die Entchristlichung der Gesellschaft vorausgesehen und überlegt, was das für unser Christsein bedeutet – gemäß der Forderung des Apostels Paulus im Ersten Petrusbrief: »Seid stets bereit, jedem Rede und Antwort zu stehen, der von euch Rechenschaft fordert über die Hoffnung, die euch erfüllt« (3,15).

Das ist auch das Ziel unserer 2017 begonnenen Reihe: mit Rahner zusammen über Gott und Glauben nachzudenken, über die Hoffnung, die uns erfüllt und die einen Namen trägt: Jesus von Nazaret. Mit Rahner zusammen den Weg zu einem erwachsenen, reifen Glauben zu gehen, einem Glauben, der Fragen ernst nimmt, nicht »fromm« wegwischt – und sei es die Frage, warum man gerade heute Christ bleiben soll …

Als Herausgeber glauben wir, dass Rahner für diesen Weg ein guter Wegbegleiter ist.

Andreas R. Batlogg SJ

Peter Suchla

Wo im Folgenden aus Gründen der Übersichtlichkeit Rahner-Texte gekürzt wurden, ist dies durch […] markiert. Rahner selbst benutzt keine eckigen Klammern. In eckigen Klammern stehende Wörter oder Sätze innerhalb der Rahner-Texte sind Einfügungen der Herausgeber, in denen Fremdwörter erklärt, längere Rahner-Texte zusammengefasst oder einzelne Rahner-Aussagen miteinander verbunden werden.

I. Die Entchristlichung unserer Gesellschaft

oder: Glaube in winterlicher Zeit

(1) Der Mensch und so auch die Kirche können sich die [geschichtlichen] Jahreszeiten, in denen sie leben müssen, nicht einfach nach Belieben auswählen, weil auch die Steuerung der individuellen und kollektiven Geschichte weitgehend den Menschen entzogen ist, die sie bei all ihrer Tat und Verantwortung eben doch weithin mehr erleiden als schöpferisch selber gestalten. Warum

sollte es darum nicht auch in der Kirche so etwas wie eine winterliche Zeit geben können? Eine Zeit, in der einem gar nichts anderes übrigbleibt, als in Geduld – und Hoffnung weiterzumachen, bis eben durch Ursachen, die der einzelne Christ und der einzelne Amtsträger in der Kirche nicht herbeikommandieren kann, doch wieder ein Frühling kommt. Es nützt nichts, flammende Forderungen nach [...] überquellendem Reichtum in der Kirche an Leben, an gesellschaftskritischem Engagement und anderen Herrlichkeiten des Christentums [zu stellen ...], sich selber dadurch verbittert zu machen und die anderen in Panik zu jagen. Es ist nun einmal, so kommt mir vor, Winter, der nicht die Zeit triumphaler Erfolge ist. [...]

Man kann aber auch im Winter gelassen, hoffnungsvoll und sogar humorvoll leben. Es würde vielleicht auch gar nicht schaden, wenn man so etwas wie eine Art Theologie des Winters in der Kirche entwickeln würde, das heißt sich klar zu machen versuchte, dass es in der Kirche gar nicht immer konziliare Aufbruchsstimmungen geben könne [...]. Man muss als Christ nicht zu den Leuten gehören, für die der Unzufriedene, der Revolutionär immer recht hat, so wenig man auch verpflichtet ist, zu meinen, die alte tridentinische Messe und das Collar am Hals des Priesters gehörten zu den unerlässlichen Dingen in der Kirche.

(2) [Mit anderen Worten:] Bis heute hat der Mensch noch keine Möglichkeit, das Wetter

wirklich zu steuern. Er muss es nehmen, wie es ist, und sich ihm entsprechend einrichten. So etwas gilt auch für die Großwetterlagen im Bereich der Gegenwartsgeschichte, der Kultur und der geistigen Strömungen. [... Und die augenblickliche Großwetterlage der Kirche und des Christentums hierzulande ist,] nüchtern gesehen, nicht so, dass sie unmittelbar zu großer Begeisterung und Hoffnung Anlass gibt. [...] Der lautlose Auszug aus Christentum und Kirche hält immer noch an. [...] Kurz und gut: Wir leben in unseren Gegenden eher in einer winterlichen Zeit, in der ein neuer Frühling [...] noch nicht wahrnehmbar ist, so viele kleine Verheißungen dafür man vielleicht auch meint, entdecken zu können.

Der christliche Glaube und die Kirche werden auch einen solchen Winter überstehen, auch wenn man nicht weiß, wie lange er dauern wird und wie das Christentum und die Kirche aussehen werden, wenn eine solche Periode überstanden ist. Aber das *Erste*, was man jetzt tun muss, ist doch das nüchterne und tapfere Eingeständnis, dass wir in der Kirche in einer winterlichen Zeit leben [...].

Zweitens muss man natürlich auch in einer solchen Zeit in der Kirche das tun, was man tun kann. Auch im Winter gibt es genug Arbeit, in der eine Zukunft vorbereitet wird. Eine winterliche Zeit in der Kirche verweist den Christen auf die wahren Gründe seines Glaubens, indem sie es ihm unmöglich macht, seinen Glauben durch den gesellschaftlichen Erfolg und die Macht der Kirche wie in alten Zeiten abzustützen. [...]

In einer winterlichen Zeit darf die Kirche nicht auf Erfolge hoffen durch eine eigensinnige Verteidigung alt-ererbter gesellschaftlicher und kultureller Positionen allein, die ihr aus früheren Zeiten noch geblieben sind und gewiss nicht ohne Notwendigkeit feige aufgegeben werden müssen. [... Aber] für einen wahren christlichen Glauben hat im Allerletzten auch eine winterliche Zeit keinen Schrecken. Es wird von ihm schließlich auch nicht mehr verlangt, als was die Christen der Urkirche an Mut und Zuversicht und Hoffnung aufbringen mussten.

(3) [Hinzu kommt:] Der [heutzutage] oft beklagte Schwund an Christlichkeit und Glaube ist keine Tat und Wirkung von finsteren Mächten, er ist zunächst kein Schwund an wirklich absolut notwendigem und heilschaffendem Glauben (ob und wieweit ein solcher gegeben ist, können wir gar nicht wissen), sondern ein Schwund der Voraussetzungen jener ganz bestimmten [… Art von Glaube und Christentum, einer ganz bestimmten Art,] die mit jenen gesellschaftlichen Verhältnissen gegeben war, die heute nun einmal untergehen und vom christlichen Glauben gar nicht als bleibend postuliert [d.h. eingefordert] werden können, weil sie gar nicht die notwendige Voraussetzung eines wahren und kirchlichen Christentums sind.

(4) [Diese Art von Glaube und Christentum, die mit gesellschaftlichen Verhältnissen, die heute untergehen, eng verbunden war, hatte sich ja gerade aufgrund dieser Verbundenheit in ganz bestimmter Weise entwickelt. Denn] weil das Wesentliche und Entscheidende des christlichen Glaubens in den letzten andert-halb Jahrtausenden in unserem Kulturkreis [...] mehr oder weniger selbstverständlich und unbestritten war, [... gerade deshalb entwickelten sich immer wieder Frömmigkeitsformen und -gestalten, die versuchten, sich vom Selbstverständlichen abzuheben, attraktiver zu sein als das Selbstverständliche, und die daher auch] in einer gewissen Konkurrenz miteinander lebten. So [... entstanden] die verschiedensten Andachtsformen, religiösen

Einzelpraxen, die verschiedensten, deutlich voneinander abgesetzten Stile des religiösen Lebens. So gab es zum Beispiel (nur als Beispiel ist das Folgende gemeint!) hintereinander und nebeneinander die Andacht zum Kostbaren Blut, zum Jesuskind, zu den Sieben Schmerzen Marias, die intensiv organisierte Fürbitte für die Armen Seelen, eine intensiv gepflegte Ablasspraxis usw.; es gab, deutlich voneinander abgehoben, die verschiedensten Spiritualitäten der einzelnen Orden, [... ferner] eine ausgedehnte Wallfahrtspraxis, die Pflege der Verehrung von bestimmten Heiligtümern und Gnadenbildern, ein heute manchmal gar nicht mehr ganz verständliches Interesse an bestimmten Einzeldogmen oder theologischen Meinungen [...].

Das alles wird gewiss nicht einfach aus dem Bewusstsein und dem Leben der Kirche schlechthin verschwinden. […] Es wäre auch bedauerlich, wenn alles in einer grauen Gleichförmigkeit der Spiritualität verschwinden würde, und niemand kann sagen, ob nicht in der Zukunft neue und überraschende konkrete Gestalten und Praxen der Spiritualität sich bilden werden.

Aber es ist doch zu vermuten, dass in einer winterlichen Zeit eines weltweiten Säkularismus und Atheismus gar nicht so viele Einzelblumen christlicher Spiritualität werden blühen können. In einer solchen Situation ist die Konzentration auf die letzten [entscheidenden] christlichen Überzeugungen auch im Bereich der Spiritualität unvermeidlich und unerlässlich. Es wird in Zukunft gewiss eine Marianische Frömmigkeit und eine Heiligenverehrung geben. Und man kann gewiss nur wünschen, und zwar auch von den letzten Glaubensgründen her, dass es so etwas gibt und [dass es] sogar wieder lebendiger wird. Aber man wird doch Jesus sagen und nicht Prager Jesuskind. Man wird Maria sagen und weniger von Lourdes und Fatima künden. Es wird auch in Zukunft eine eucharistische Frömmigkeit geben, bis (hoffentlich) zur anbetenden Verehrung des Herrn unter den sakramentalen Gestalten. Aber damit ist doch auch noch nicht gesagt, dass in einer lebendigen Spiritualität der Zukunft der eucharistische Kult mit all seinen Entfaltungen dieselbe Stelle behalten wird wie in der Vergangenheit. [...]

Die Spiritualität der Zukunft wird sich auf die letzten [entscheidenden] Gegebenheiten der christlichen Offenbarung konzentrieren:
Dass Gott ist,
dass man ihn anreden kann,
dass seine unsagbare Unbegreiflichkeit
gerade als solche die Mitte unserer Existenz
und so unserer Spiritualität ist,
dass man mit Jesus und eigentlich
mit ihm allein in einer letzten Freiheit
von allen Mächten und Gewalten
leben und sterben kann,
dass sein unbegreifliches Kreuz über unserem Leben aufgerichtet ist und dieser Skandal den

wahren, befreienden und seligmachenden Sinn unseres Lebens hergibt,
dies und solches fehlte natürlich letztlich auch in der Spiritualität vergangener Zeiten nicht, aber es wird deutlicher und härter und mit einer gewissen Exklusivität in dieser winterlichen Zeit die künftige Spiritualität prägen.

(5) [Ein Weiteres kommt hinzu:] Früher ereignete sich der Glaube des Einzelnen doch in einem homogen christlichen Milieu auch der profanen und bürgerlichen Gesellschaft; man konnte das glauben, was [...] von mehr oder weniger allen geglaubt wurde, sodass es beinahe so aussah, als werde einem gerade in der Dimension des Glaubens doch die unab-

wälzbare Last der Verantwortung [abgenommen], der Entscheidung des Glaubens gegen Unglauben, der Hoffnung wider alle Hoffnung […].

Heute ist das anders. Heute muss der christliche Glaube (und so die Spiritualität) immer neu vollzogen werden: in der Dimension einer säkularisierten Welt, in der Dimension des Atheismus, in der Sphäre einer technischen Rationalität, die von vornherein erklärt, alle Sätze, die sich vor dieser Rationalität nicht verantworten lassen, seien sinnlos […]. In einer solchen Situation ist die einsame Verantwortung des Einzelnen in seiner Glaubensentscheidung in viel radikalerer Weise notwendig und gefordert, als dies früher der

Fall war. Darum gehört zur heutigen Spiritualität des Christen der Mut zur einsamen Entscheidung gegen die öffentliche Meinung, der einsame Mut, der dem der Märtyrer des ersten Jahrhunderts des Christentums analog [d. h. vergleichbar] ist, der Mut zu einer spirituellen Glaubensentscheidung, die ihre Kraft aus sich selber bezieht und nicht gestützt zu werden braucht durch die Zustimmung der Öffentlichkeit […].

[Ja, es gab Zeiten, da] war die Kirche das beinahe enthusiastisch geliebte Haus, die selbstverständliche, uns tragende und bergende Heimat unserer Spiritualität, in der alles, was man dazu brauchte, wie selbstverständlich vorgegeben war und nur willig und freudig angeeignet werden musste. Die Kirche trug uns, sie brauchte nicht von uns getragen zu werden. Heute ist dies, und zwar auch für unsere Spiritualität, anders. [...] Wir erleben die Kirche als die arme Kirche der Sünder, als das von allen Stürmen der Geschichte gerüttelte Wüstenzelt des pilgernden Volkes Gottes, als die Kirche, die auch in sich selber nur mühsam, tastend und unter vielen inneren Bedrängnissen ihren Weg in die Zukunft sucht, sich ihres Glaubens immer neu zu vergewissern strebt; wir erfahren eine Kirche innerer Spannungen und Zerwürfnisse.

(6) [Aber] wir Christen wissen, dass wir im Letzten die Zeit unserer Heilsgeschichte nicht selber beliebig aussuchen dürfen und

können. Und darum haben wir keinen Grund, so zu tun, als ob es uns heute als Menschen und als Christen besonders fröhlich zumute wäre. Wir leben nun einmal [...] in einer winterlichen Zeit – winterlich in Gesellschaft und Kirche. Wir brauchen es uns gar nicht selber oder der Kirche zum Vorwurf und zum Zeichen unseres Versagens zu machen, wenn es uns nicht gelingt, diese unsere winterliche Zeit wegzuzaubern. Wir haben gewiss immer wieder Grund, von uns mehr zu fordern, als wir tatsächlich leisten. Aber wir brauchen uns auch nicht zu überfordern, uns selbst nicht, die Politiker nicht und die Kirchenführer nicht; wir brauchen nicht so zu tun, als ob mit ein bisschen mehr Mut und gutem Willen unsere individuelle und kollektive Situation in eitel Lust und Freude verwandelt werden könnte. Eine solche Überforderung wäre das Zeichen dafür, dass wir nicht auf Gott, sondern auf uns selbst unsere Hoffnung setzen.

Wenn die Situation, in der wir heute weltweit sehr winterlich zu leben haben, uns auferlegt und bleibend ist, dann haben wir, wenn wir gelassen und mutig das Unsere getan haben, das Recht, diese Situation zu erleben als geheimnisvollen Einbruch des Ewigen Geheimnisses Gottes, bei dem wir ankommen können und ankommen müssen. Erfolglosigkeit, Enttäuschung und Untergänge soll sich ein Christ nicht durch seltsame ideologische Versüßungen zu ersparen suchen, die in der

Gesellschaft und auch in der Kirche feilgeboten werden. Aber er kann diese Untergänge eben doch glaubend, hoffend, liebend als Aufgang des unbegreiflichen Gottes annehmen, der umso wirklicher kommt, je schrecklicher und hoffnungsloser seine Ankunft zu sein scheint.

(7) [Zusammenfassend gesagt: Die Kirche, wie wir sie *heute* erleben,] ist eine Kirche der Menschen dieser Zeit, [eine Kirche] der Erschreckten und Angefochtenen, deren Glaube sich immer aufs Neue mühsam in dieser winterlichen Zeit des Skeptizismus und der Resignation behaupten muss [mit dem gleichen Glaubensmut, der auch den Christen der Urkirche abverlangt wurde].

(8) [Aber] weiß man so genau, dass früher, als das Religiöse und Kirchliche [hierzulande] quantitativ einen größeren Raum im öffentlichen Leben einnahm und alles mitzuprägen schien, wirklich mehr Glaube, Hoffnung, Liebe, also das, worauf es schließlich entscheidend ankommt, gelebt wurde als jetzt? Gott allein weiß es. Der [... in der heutigen winterlichen Zeit] angefochtene und der freien Entscheidung des Einzelnen aufgebürdete Glaube kann der echtere sein.

II. Die kirchlichen Missstände

oder: Man müsste verzweifeln, wenn es nicht um Gott ginge

(1) Immer hat die Christenheit bekannt: Ich glaube an die heilige Kirche. Und immer wieder erhob sich im Lauf der Geschichte die Frage, wo denn diese Kirche ist, die da von sich selbst so zuversichtlich erklärt, sie sei eine heilige Kirche, jene Kirche also, auf der ein Glanz der Heiligkeit Gottes selbst ruhe.

(2) [Was wird denn den Vertretern dieser Kirche] meist anderes vorgeworfen, als dass ihr Leben im Widerspruch stehe zu dem, was sie predigen? Was wird öfter gesagt, als dass die Kirchenchristen auch nicht besser seien als die anderen, dass auch die Kirche versagt habe? Und diese Vorwürfe und die Anfechtungen des Glaubens, die daraus erwachsen, haben, rein menschlich gesehen, gar nicht so unrecht. Da steht die Kirche, und sie erklärt sich als notwendig zum Heil, sie tritt auf im Namen des einen heiligen Gottes, sie erklärt sich im Besitz aller Wahrheit und Gnade, sie will die einzige Arche des Heils in der Sintflut der Sünde und des Verderbens sein, sie glaubt alle bekehren und retten zu müssen.

Und eben diese Kirche, die mit solchen Ansprüchen auftritt, diese Kirche, heißt es, schaut sie doch an, wie sie mit zweierlei Maß zu messen scheint: Sie verkündet den armen, geplagten Menschen die Bergpredigt mit ihren »unmöglichen« Forderungen, aber ihre amtlichen Vertreter scheinen sich für ihre Person mit diesen Forderungen recht billig verglichen zu haben. Scheinen sie nicht alle recht gemütlich zu leben? Sind sie nicht oft geldgierig oder anmaßend oder aufgeblasen? Gibt es nicht immer wieder Skandale bis in die Reihen ihrer Orden hinein, deren Aufgabe es doch ist, nach Heiligkeit und Vollkommenheit zu streben?

(3) [Ja, so ist es, und] selbstverständlich leidet jeder wahre Christ an der gesellschaftlichen und geschichtlichen Gestalt der Kirche. Sie bleibt *immer* [...] hinter ihrem Wesen zurück. Sie verkündigt eine Botschaft, durch die ihre empirische Wirklichkeit immer selbst in Frage gestellt wird. Sie ist *immer* auch die Kirche der Sünder [...]. Jedenfalls aber ist Schreckliches und Erbärmliches in ihrer Geschichte geschehen. Solches Schreckliche und Erbärmliche ist so viel, dass darüber nur eines hinweghilft: Wohin sollten wir sonst gehen, wenn wir aus der Kirche auszögen? [...] Man kann ihrer Erbärmlichkeit für seinen Teil nur abhelfen, wenn man die Last dieser Armseligkeit mitträgt [...], wenn man die Verantwortung mitträgt, sie von innen

immer wieder zu ändern, sie, die in allen Konfessionen immer die »Kirche der Reformation« sein muss. Wenn wir in uns selbst etwas Christliches im wahren Sinn zu entdecken meinen und verstehen, was es wirklich bedeutet, wie könnten wir uns dann weigern, es selbstlos einzustiften in diese Gemeinde der Sünder, die durch die Macht des Geistes Jesu sich durch alle armselige Geschichte hindurch eben doch hinbewegen auf jene Vollendung hin, die der Tod und die Auferstehung Jesu verheißen – uns allen und nicht nur einer kleinen Elite der Menschheit?

(4) Wenn man die Kirche nur sieht als eine mehr oder weniger gut und schlecht funktionierende Organisation zur Befriedigung

individueller oder gesellschaftspolitischer Ziele, dann natürlich kann sich heute einer oft zu Tode ärgern darüber, wie kümmerlich alles funktioniert. Dann fängt einer natürlich an, darüber nachzudenken, ob er noch in der Kirche bleiben wolle, und empfindet sich selbst sehr großmütig und edel, wenn er bleibt und Kirchensteuern bezahlt.

Wenn aber jemand sich selbst in der innersten Mitte seiner Existenz erfährt als der Todgeweihte, [der, wie alle Menschen dieser Erde, dem Tod nicht entrinnt,] der das ewige Leben dennoch erhofft, und zu dem gekreuzigten Jesus aufblickend da allein die Bestätigung seiner Hoffnung erblickt, wenn er als ein solcher sich in der Gemeinde solcher

Glaubenden und Hoffenden (wie sonst auch immer diese ihm liegen oder auf die Nerven gehen mögen) weiß und mit ihnen zusammen den Tod dieses Jesus verkündigt, bis er wiederkommt, einen selbst mit seiner unaussprechlichen Gnade zu richten, dann ist doch einem solchen alles Übrige in der Kirche zwar nicht unwichtig, zwar schön oder ärgerlich, aber letztlich doch sekundär [d. h. zweitrangig].

(5) [In theologischen Fachausdrücken kann man es auch so formulieren: Ein Christ] muss auch in seiner Kirchlichkeit kein Monophysit sein[, das heißt einer], der [in der Kirche] nur das Göttliche sieht, er weiß [vielmehr] auch in der Dimension der Kirche – bei aller un-

löslichen Verbundenheit zwischen *Göttlichem* und *Menschlichem* in der Kirche – von der radikalen Unvermischtheit dieser beiden Wirklichkeiten und erfährt vielleicht sogar im Laufe seines Lebens diese bleibende Unterschiedenheit immer deutlicher und vielleicht auch bitterer. Aber die Erfahrung dieses Unterschiedes, dessentwegen man ja gar nicht ewig in dieser Kirche darf leben wollen, sondern von der Kirche weg nach dem ewigen Reiche Gottes verlangt, ist doch für den Christen eine Selbstverständlichkeit. Er empfindet darum die Last der Kirche auch als letztlich selbstverständlich,

(6) [zumal es schon immer Glaubensüberzeugung war,] dass die Sünder zur Kirche gehö-

ren. Selbst Sünder, die verlorengehen, können wahrhaft und wirklich zur Kirche gehören. Eine Glaubenswahrheit, die die Kirche immer wieder gelehrt hat.

(7) [Freilich kann man sich fragen, ob es auch ohne Kirche geht. Ohne die Mitmenschen, die wie wir an Jesus als den Gekreuzigten und Auferstandenen glauben. Wenn wir so fragen, müssen wir uns aber vor Augen halten,] dass dieser Glaube an Jesus nur durch aktive Bezeugung weitergegeben werden kann [...]. Auch der radikalste Glaubensindividualist ist durch Sprache, Heilige Schrift, Überlieferung usw. immer noch in Bezogenheit auf die Kirche, selbst wenn er sich von ihr ganz unabhängig machen will.

(8) [Denn das Christentum ist] eine geschichtliche Religion, bezogen auf den einen Jesus Christus [und sein Wirken in der Menschheitsgeschichte]. Von ihm habe ich durch die Kirche und nicht anders gehört. Ich kann mir daher kein privatistisches [d. h. kein mich in meiner privaten Welt abkapselndes] Christentum leisten, das seine Herkunft verleugnen würde. Ich muss diese geschichtliche Herkunft meines Christentums selber durch meine Kirchlichkeit bezahlen.

(9) Natürlich hat diese Gemeinschaft des Glaubens, Kirche genannt, [...] ihre gesellschaftlichen Strukturen, ihre Ämter, ihre wechselnde, oft mit menschlicher Enge, Schuld und Zerrissenheit belastete Ge-

schichte. Aber für den, der wirklich weiß, worum es letztlich in dieser Glaubensgemeinschaft geht, nämlich um Gott in Jesus Christus, der kann diese Glaubensgesellschaft aus armen Menschen, die auch als Kirche immer von Schuld zu Vergebung unterwegs sind, in gelassener Geduld ertragen, wissend, dass er ja auch seine eigene Enge und Schuld in diese Gemeinschaft um Christus und mit ihm einbringt. Für den ist auch alles Ärgernis der Kirche nicht größer und nicht unerträglicher, als es auf jeden Fall in der Schuld, Wirrnis und Enge der menschlichen Geschichte gegeben ist.

(10) [Mit anderen Worten: Ein Christ weiß sehr wohl] um das allzu Menschliche und

Unmenschliche, das in dieser Geschichte der Kirche »an Haupt und Gliedern« geschehen ist. In Vergangenheit und Gegenwart. [...] Da aber ein ehrlicher Christ, der sich selbst als armen Sünder erkennt, seinen eigenen Beitrag zu dieser Verdunkelung der Kirche leistet, wird er gewiss nicht pharisäisch aus dieser Verdunkelung ein Recht ableiten, sich von dieser Kirche der Sünder zu distanzieren.

Recht auf Kritik hat er natürlich immer. Eine letzte Identifikation mit dem Grundwesen der Kirche [...] bedeutet ja kein Einverständnis mit allem und jedem, was in der Kirche getan wird. Auch nicht mit allem, was die Hierarchie oder der Papst tun, auch nicht mit allem und jedem, was in der Kirche als offizielle Lehre vorgetragen wird.

[... Unverzichtbar ist zwar unser aller Einverständnis mit den sogenannten »Dogmen«, d.h. den wesentlichen Kernaussagen des christlichen Glaubens, für deren Formulierung durch das kirchliche Lehramt ganz bestimmte Bedingungen erfüllt sein müssen. Aber selbst hier, bei den Dogmen, gilt,] dass sie alle nur mit ihrem Richtungssinn auf das Mysterium Gottes selbst richtig verstanden werden, dass sie immer in einer auch geschichtlich bedingten Gestalt auftreten, immer unvermeidlich mit gewissen Amalgamen [Füllseln] verbunden sind, die nicht eigentlich zu ihrem Aussageinhalt gehören [..., heißt:] dass diese Dogmen in ihrer Formulierung auch Sprachregelungen sind, die von der gemeinten Sache her nicht immer gerade so sein müssten.

Anders ist es aber bezüglich dieser oder jener relativ untergeordneten Lehre, die auf dem Gebiet der Exegese, der systematischen Theologie, der Moraltheologie vom römischen Lehramt vorgetragen wurde oder vorgetragen wird als amtliche Lehre mit dem Anspruch, verbindlich, wenn auch nicht »definierend« [d.h. ein Dogma verkündend] zu lehren. Um nur Beispiele aus jüngster Zeit zu erwähnen, so finde ich weder von der Sachargumentation noch von der formalen, tatsächlich in Anspruch genommenen Lehrautorität der Kirche her einen überzeugenden und zwingenden Grund, der umstrittenen Lehre aus »Humanae vitae« Pauls VI. [Juli 1968] oder der Erklärung der Glaubenskongregation zuzustimmen [Oktober 1976; von Johannes Paul II. 1994 erneut festgeschrieben], die die Ordination der Frau grundsätzlich und für alle Zeiten und Kulturen ausschließen will. Aber eine solche Identifikation mit jedweder kirchenlehramtlichen Erklärung außerhalb des eigentlichen Dogmas verlangt die Kirche nicht nur faktisch nicht von mir, sondern auch nach den Prinzipien in dieser Frage nicht, die sie in ihrer normalen Theologie selber lehren lässt.

Ist dem aber so, dann braucht ein Christ und ein Theologe bei solchen Distanzierungen [von kirchenlehramtlichen Erklärungen] nicht das Gefühl zu haben, er marginalisiere sich selber [stelle sich selber ins Abseits] durch seine Haltung in der Kirche.

(11) Ich kann verstehen, dass es Christen gibt, die sich von ihrem Gewissen her legitimiert oder sogar verpflichtet fühlen, aus der Kirche auszuwandern. [... Aber für mich bleibt] die Kirchlichkeit meines Christentums und meiner Theologie dennoch selbstverständlich. [... Das gilt natürlich auch] bezüglich der Teilnahme am kirchlichen Leben. Wenn man genauer zusieht, kann man [übrigens] feststellen, dass die amtlichen Normen für das kirchliche Leben auch in der katholischen Kirche diesem einen außergewöhnlich weiten Spiel-

raum für eine individuelle Gestaltung einräumen. Das Haus der Kirche ist viel weiter und längst nicht nur aus Räumen bestehend, die eng und stickig sind. [...] »Im Hause unseres Vaters« sind viele Wohnungen, unter denen man aussuchen kann, ja muss, wenn man sein eigenes Leben vor Gott verantworten will. Daher wäre es wünschenswert, wenn die kirchliche Verkündigung und die amtlich eingesegnete Praxis [...] etwas mehr von der Weite der Kirche und von der Freiheit eines Christenmenschen merken ließen.

Man kann kein Vaterland haben, wenn man nicht auch mit seinen Spießbürgern und Nachtwächtern zu leben bereit ist. So ist es auch bei der Kirche. Man darf auch den »Katholizismus« eines bestimmten Landes nicht einfach mit der Kirche überhaupt identifizieren und sie die Enge und Hartherzigkeit eines solchen regionalen Katholizismus entgelten lassen. Aber auch in den Teilkirchen eines solchen Katholizismus wird das Wort von Gott und seiner Gnade verkündigt, seine Vergebung einem zugesagt und der Tod und die Auferstehung Jesu gefeiert, bis er wiederkommt.

(12) [Daher wäre es gut, wenn wir uns zuweilen daran erinnern:] Die Geschichte des Geistes Gottes in der Kirche ist immer noch wichtiger und anziehender als die Geschichte menschlicher Erbärmlichkeit.

(13) [Und immer wenn ich an der Kirche leide und Anstoß nehme an all den Missständen, Skandalen und fehlerhaften Verhaltensweisen ihrer Vertreter, sage ich zu mir:] Du kannst zu keiner größeren Helligkeit fliehen, als du sie hast [...]. Ich sage weiter zu mir: Du nimmst gelassen und in ruhiger Hoffnung das unbegreifliche Geheimnis an[, das den Namen »Gott« trägt]; was könnte dabei eigentlich fehlgehen? Was könnte ich denn anderes wählen, was nicht schon längst durch dieses Geheimnis umfasst wäre? Ich sage weiter zu mir: Du wirst sterben, und dein Tod wird deine ganze Existenz und auch die Theorie, die du darüber machst, treffen; ist es da nicht einzig sinnvoll, mit Jesus in seinen Tod hineinzusterben (und daraufhin jetzt mit

ihm zu leben)? Ich sage mir dann: Ist das zusammen nicht eigentlich schon das Christentum? Kann man nicht alles andere an diesem Christentum, mag es auch schwer verständlich und schwer erträglich sein, einfach hinnehmen, weil alles eben doch nur zusammen gehabt werden kann?

III. Und dennoch Christ bleiben

oder: Vom Mut, gegen den Strom zu schwimmen

(1) Ich brauche als Christ nicht über jeden Bischof oder über jeden Papst fürchterlich begeistert zu sein – warum auch? Das hat mit Christentum im Grunde genommen nichts zu tun. Ich brauche auch nicht alles in einer Partei, auch nicht in der Kirche, für wunderbar und begeisternd zu empfinden. Aber ich kann mich in einer beinahe sachlichen Nüch-

ternheit trotzdem für etwas entscheiden: für Jesus Christus, für Gott. [...] Da braucht man nicht fürchterlich begeistert zu sein und Tränen der Rührung vergießen. Aber man kann sich sagen: Das ist die in meiner Situation mögliche, sinnvolle Entscheidung, die man in einer [...] winterlichen Zeit, die nun einmal unsere ist, trotzdem in Geduld, in Zuversicht, in Entschlossenheit durchtragen kann.

(2) Wir müssen uns einfach nüchtern [... an diese winterliche Zeit] gewöhnen, aufhören darüber zu jammern; wir müssen erkennen, dass es sich [bei dieser winterlichen Zeit] um eine Situation handelt, die dem Christentum und dem Wesen eines freien personalen Glau-

bens gar nicht widerspricht, auch wenn diese Situation anderthalb Jahrtausende nicht gegeben gewesen ist. Wir müssen uns an sie gewöhnen; das heißt aber vor allem auch: Wir müssen verstehen lernen, dass man dieser Situation [...] ja gar nicht entflieht, indem man Christentum, Kirche oder Ordensleben aufgibt.

(3) Wenn wir das Christentum verstehen

- als das Bekenntnis zu dem absoluten, unumgreifbaren Geheimnis unseres Daseins, das uns – vergebend und in seine eigene Unendlichkeit befreiend – umfängt und das wir Gott nennen,
- und als das Bekenntnis zu Jesus Christus, aus dessen Schicksal uns die Nähe dieses

Geheimnisses als unserer absoluten Zukunft immer neu glaubwürdig wird,

- und als das Bekenntnis zur Gemeinde der so Glaubenden, Kirche genannt, in einem unbefangen nüchternen Verhältnis zu deren Geschichte und Geschichtlichkeit [...],

dann ist eigentlich nicht einzusehen, wodurch das Christentum ernstlich bedroht werden könnte [...].

Wir sind also, ganz schlicht gesagt, gefragt, ob wir die müden Skeptiker sein wollen [...], oder ob wir den Mut haben, zu jenen Christen der Zukunft zu gehören, die [... weder das geschichtliche Erbe des kirchlichen Christentums aufgeben noch es unkritisch verherrlichen, sondern] festhalten an dem in

Jesus von Nazaret nahegekommenen unbegreiflichen Sinn ihres Daseins, der der lebendige Gott selbst ist.

(4) Wenn einer es heute fertig bringt, mit diesem unbegreiflichen, schweigenden Gott zu leben, den Mut immer neu findet, ihn anzureden, in seine Finsternis glaubend, vertrauend und gelassen hineinzureden, obwohl scheinbar keine Antwort kommt als das hohle Echo der eigenen Stimme,

- wenn einer immer wieder den Ausgang seines Daseins freiräumt in die Unbegreiflichkeit Gottes hinein, obwohl er immer wieder zugeschüttet zu werden scheint durch die unmittelbar erfahrbare Wirklichkeit der Welt [...],

- wenn er dies fertig bringt ohne die Stütze der »öffentlichen Meinung« und Sitte,
- wenn er diese Aufgabe als Verantwortung seines Lebens in immer erneuter Tat annimmt und nicht nur als gelegentliche religiöse Anwandlung,

dann ist er *heute* ein Frommer, ein Christ.

Er wird selbstverständlich und gerade heute, wo man wieder begreift, dass der Mensch kein isoliertes Individuum ist, ein diskret gemessenes [d. h. einfühlsam zurückhaltendes] Maß an kirchlicher Gottesdienstlichkeit und sakramentalem Tun üben (und auch echt verstehen, was damit gemeint ist), aber er wird sich ruhig sagen dürfen, wo die eigentlichste, heute weniger als je übertragbare Aufgabe seiner religiösen Existenz ist. Wird er mit ihr fertig, dann darf in winterlicher Zeit der Baum seiner Frömmigkeit weniger Blätter und Blüten treiben, wie Andachten und sonstige fromme Übungen der Vergangenheit. Er wird sich den fundamentalen Wirklichkeiten und Wahrheiten des christlichen Glaubens zuwenden [...], ohne den frommen heiligen Luxus in Kopf und Herz früherer christlicher Zeiten, die – dem Anschein nach – erst religiös lebendig wurden, wenn es nicht um Gottes Unbegreiflichkeit und sein Dasein im Gekreuzigten, dem Gottverlassenen, ging, sondern um den besonders ausgebauten Kult des Altarsakramentes, um die Verehrung des kostbaren Blutes, der Unbefleckten Empfängnis, der Gewinnung der Ablässe usw.

(5) [Wir Christen sind heute, ob es uns gefällt oder nicht, hineingestellt in die Aufgabe,] in einer winterlichen Zeit in Hoffnung durchzuhalten und Verständnis zu haben für die einsame Größe, die in einer solchen Haltung der schweigenden, nicht jammernden Treue liegt.

(6) Wir brauchen [dabei] nicht die entsetzlich Entzückten, die furchtbar Begeisterten als Richtschnur zu nehmen, wenn wir es in Wirklichkeit nicht sind. Wir müssen gewissermaßen eher unsere Skepsis als [eine] Erfahrung von Gnade verstehen. Wir leben in einer nüchternen, in dem Sinn winterlichen Zeit, wo es im religiösen Leben nicht sehr viele Blüten gibt, über die man entzückt sein

könnte. Aber auch eine winterliche Zeit, meine ich, kann durchaus eine Zeit der Gnade sein. Sterben wir, wenn wir krebskrank auf dem Sterbebett liegen, mit einer großen charismatischen Begeisterung – oder mühevoll und trotzdem über alle Hoffnung hinaus hoffend: »Herr, in Deine Hände lege ich meinen Geist«? Wenn das Zweite der Stil unseres *Sterbens* ist, dann – so meine ich – gibt es auch einen legitimen, diesem analogen [vergleichbaren] Stil des *Lebens*, auch des Lebens der Gnade; denn Gnade kann auch die nüchterne Hoffnung wider alle Hoffnung sein.

(7) Alles bisher Gesagte hat nun aber für mich, den Christen, eine geheimnisvolle Synthese [d. h. eine Zusammenfassung] ge-

funden in der Begegnung mit *Jesus von Nazaret* [...]. Als wen erkennt nun in dieser Synthese der Christ Jesus?

(8) Ihn kennen wir durch die Evangelien und durch die Botschaft der Christenheit. Wir wissen um sein Leben, das wie unseres war, voll Mühe und Armseligkeit; wir kennen seine Liebe zu dem unbegreiflichen Gott, den er seinen Vater nannte, und zu den Menschen, die er bedingungslos liebte, da sie ihn hassten. Wir wissen um seine Treue zu Gott und den Menschen, um die unbegreifliche Finsternis seines Todes. Wir wissen im Glauben der Christenheit, der durch zweitausend Jahre hindurch nicht unterging, dass Jesus gerade durch den Sturz in den Abgrund eines

gottverlassenen Todes sein Leben in die Hände Gottes bergen konnte, dass er in seinem Untergang siegte, sich und die Unbegreiflichkeit Gottes als seliges Leben fand. Wir nennen diesen Sieg durch den Tod, diesen endgültigen Aufgang durch den Untergang, seine Auferstehung und sein Ankommen zur Rechten des Vaters. Wir blicken auf sein Leben und Sterben, und sein Geist schenkt uns die auch für uns hoffende Zuversicht, die wir den christlichen Glauben nennen, dass dieses Leben mit seiner Liebe, Ergebung und Treue nicht verlorenging, sondern ewig gerettet ist.

Warum sollten wir nicht an diesen Jesus als an die unüberholbare Selbstzusage Gottes glauben dürfen? Gibt es unter den großen Geistern der Menschheit, den Weisen und Propheten einen, auf den man sich eher verlassen, dem man sich eher mit seinem fragwürdigen Leben anvertrauen könnte? [... Ist es sinnvoll, für die unsere Existenz angehende Frage, wie sich denn das ewige Geheimnis unseres Daseins zu uns Menschen verhält,] auf eine letzte Antwort zu verzichten, wenn diese von uns her gewiss nicht erzwingbare Antwort sich uns anbietet und von unzähligen Menschen in Glaube, Hoffnung und Liebe als die wahre und letzte Antwort des Lebens angenommen wird? Wir glauben an Jesus, den Christus, d. h. an die in seinem Leben glaubwürdig ergangene Selbstzusage Gottes in Vergebung und ewigem Leben.

Niemand zwingt uns zu dieser glaubenden Annahme der Antwort Gottes, die Jesus, der Gekreuzigte und Auferstandene, ist. Aber niemand kann uns auch davon überzeugen, dass es eine andere, bessere und umfassendere Antwort auf die Frage gibt, die unausweichlich und unerbittlich von unserem Leben selbst gestellt wird, auch dann noch, wenn wir versuchen, diese Frage zu überhören. Niemand wird uns diese Frage ausreden[, d.h. die Frage, wie das ewige Geheimnis unseres Daseins zu uns Menschen steht]. Stellen wir sie und stellen wir uns ihr, dann wird uns aber die Überzeugung leicht, dass wir in Jesus darauf eine Antwort gehört haben.

Diese Antwort beantwortet uns nicht die tausend Fragen einzelner Art, die uns unser Leben stellt, aber sie birgt alle diese einzelnen beantworteten oder unbeantworteten Fragen in das bergende Geheimnis Gottes. Alle diese Fragen des Lebens laufen schließlich in die eine [oben genannte] Frage zusammen, die durch den Tod in unserem Leben gestellt wird. Wir haben aber den Mut glaubender Hoffnung, mit Jesu Tod in den Abgrund Gottes zu fallen als in unsere eigene Endgültigkeit, Heimat und unser ewiges Leben. Weil man eigentlich nur mit ihm[, mit Jesus von Nazaret,] getrost *sterben* kann und weil man auch dann noch mit ihm stirbt, wenn man, ohne ihn ausdrücklich zu kennen, sich gelassen und hoffend dem Geheimnis des

Lebens ergibt, darum können wir auch jetzt getrost mit ihm dieses Leben *leben* [...].

Unser christlicher Glaube ist in seinem tiefsten Grund einfach, lebendig, unerschöpflich und, weil das Letzte des Menschen treffend, auch für heute und für morgen gültig und wirksam. Man kann auch heute getrost glauben, wenn Geist und Herz diese innerste Mitte des christlichen Glaubens wirklich gefunden haben. Man kann auch dann noch merken, dass viele einzelne Entfaltungen dieses einfachen Glaubens in die fast unübersehbare Menge von einzelnen Glaubenssätzen hinein einem fremd und fast unverständlich bleiben. Man kann dies aber getrost und bescheiden auf sich beruhen lassen, darauf vertrauend, dass das eigene Glaubensverständnis weiterwächst und reift zu immer größerer Angleichung an den Glauben der Kirche in allen Zeiten und Kulturen. Man kann auch heute christlich und katholisch glauben, auch wenn man sich mit seinem eigenen Glauben noch unterwegs weiß.

(9) [Denn der christliche Glaube ist nicht ein Berg von Wahrheiten, nicht ein Berg von Verhaltensweisen und Frömmigkeitsformen, sondern die in Jesus von Nazaret gründende] positive, bedingungslose Annahme der eigenen Existenz als sinnvoll und offen auf eine endgültige Erfüllung, die wir Gott nennen.

Zu den Textquellen

Der Buchtitel wie auch alle Gliederungstitel stammen von den beiden Herausgebern, nicht von Karl Rahner selbst.

Zur besseren Lesbarkeit wurden zuweilen größere Textpassagen Rahners in Absätze unterteilt.

Wo Rahner Bibelstellen zitiert, werden sie hier in der Formulierung der neuen Einheitsübersetzung wiedergegeben.

Ziffern in runden Klammern (1), (2) usw. am Anfang einzelner Rahner-Textabschnitte stehen nicht im Original, sondern dienen der Zuordnung zu den im Folgenden aufgeführten Quellen.

SW = Karl Rahner, Sämtliche Werke, 32 Bände, Freiburg i. Br. 1995–2018. – (SW 10: 2003; SW 20: 2010; SW 23: 2006; SW 24: 2011; SW 25: 2008; SW 26: 1999; SW 28: 2010; SW 29: 2007; SW 31: 2007).

I. Die Entchristlichung unserer Gesellschaft

(1) Aus: SW 28, S. 171 f. [der komplette Text S. 171–174: »Kritik unter uns sollte anders klingen«] – Es handelt sich um einen Beitrag Rahners für das Zehn-Jahres-Jubiläum der Zeitschrift »Publik-Forum«, veröffentlicht in Nr. 5/1982 (12. März 1982), S. 17–18,

der später auch in der Wiener Kirchenzeitung veröffentlicht und auch in einer einmaligen, kostenlos abgegebenen Illustrierten zum Österreichischen Katholikentag im September 1983 abgedruckt wurde.

(2) Aus: SW 28, S. 219 ff. [der komplette Text S. 219–221: Die Zukunft vorbereiten] – Artikel für die österreichische Wochenzeitung »präsent«, veröffentlicht in Nr. 36/1982 (8. September 1982), der zwei Monate später in der Kirchenzeitung der Diözese Bozen-Brixen nachgedruckt wurde.

(3) Aus: SW 24, S. 501 [der komplette Text S. 490–579] – Auszug aus dem zunächst in der Herderbücherei (Nr. 446) erschienenen Bändchen »Strukturwandel der Kirche als Aufgabe und Chance« von 1972, das mehrere Auflagen

erhielt und zuletzt 1989 (Einführung: Johann Baptist Metz) und 2019 (Einführung: Michael Seewald) eine Neuauflage erhielt.

(4) Aus: SW 29, S. 310 f. (im Original keine Kursivsetzung) [der komplette Text S. 307–316: Element der Spiritualität der Zukunft] – Vortrag in der Katholischen Hochschulgemeinde in Münster von 1977, zuerst veröffentlicht in Band 14 der »Schriften zur Theologie« (1980).

(5) Aus: SW 29, S. 312–315.

(6) Aus: SW 28, S. 751 f. [der komplette Text S. 742–752: Utopie und Realität. Christliche Lebensgestaltung zwischen Anspruch und Wirklichkeit] – Vortrag vom Februar 1983, der zuerst in der Zeitschrift »Geist und Leben« (1983) erschien, dann in Band 16 der

»Schriften zur Theologie« (1984) aufgenommen wurde.

(7) Aus: SW 20, S. 402 [der komplette Text S. 401–403] – Bis zur Aufnahme in diesen Band (2010) unveröffentlichter Text. Es handelt sich um die Predigt zum Silbernen Priesterjubiläum von Abt Odilo Lechner OSB (1931–2017) von Sankt Bonifaz (München) und Andechs am 26. Dezember 1981, dem Rahner bereits die Primizpredigt (1956) gehalten hatte.

(8) Aus: SW 23, S. 29 [der komplette Text S. 29–30: Die christliche Prägung des säkularisierten Ethos] – Ursprünglich ein Artikel für die Weihnachtsausgabe der Wiener Tageszeitung »Die Presse« (24./25. Dezember 1966), dann aufgenommen in Rahners Bänd-

chen »Gnade als Freiheit« (1968) in der Herderbücherei (Nr. 322).

II. Die kirchlichen Missstände

(1) Aus: SW 10, S. 82 [der komplette Text S. 82–95: Kirche der Sünder] – Artikel in der Zeitschrift »Stimmen der Zeit« (1947), die auch als eigenständige Publikation (1948) erschien und in Band 6 der »Schriften zur Theologie« (1965) aufgenommen wurde, dort aber erweitert um die Interpretation der Thematik auf dem Zweiten Vatikanischen Konzil.

(2) Aus: SW 10, S. 83: wie II. (1).

(3) Aus: SW 28, S. 661 [der komplette Text S. 528–664: Was sollen wir noch glauben? Theologen stellen sich den Glaubensfragen einer neuen Generation] – Ursprünglich

Band 700 der Herderbücherei, erschienen zu Rahners 75. Geburtstag (1979), in dem Rahner und Karl-Heinz Weger Grunderfahrungen des Glaubens thematisieren.

(4) Aus: SW 28, S. 173: wie I. (1).

(5) Aus: SW 28, S. 174: wie I. (1).

(6) Aus: SW 10, S. 84: wie II. (1).

(7) Aus: SW 28, S. 658: wie II. (3).

(8) Aus: SW 29, S. 8 [der komplette Text S. 3–11: Vom Mut zum kirchlichen Christentum] – Ursprünglich ein Beitrag für den von Walter Jens 1979 herausgegebenen Sammelband »Warum ich Christ bin«, 1980 in Band 14 der »Schriften zur Theologie« aufgenommen.

(9) Aus: SW 26, S. 516 [der komplette Text S. 511–516: Worin besteht der lebendige Kern

des christlichen Glaubens?] – Artikel aus der Zeitschrift »Geist und Leben« (1973), ein Jahr später aufgenommen in Rahners Sammelband »Wagnis des Christen«.

(10) Aus: SW 29, S. 8–10: wie II. (8).

(11) Aus SW 29, S. 10: wie II. (8).

(12) Aus SW 10, S. 93: wie II. (1).

(13) Aus SW 29, S. 11: wie II. (8).

III. Und dennoch Christ bleiben

(1) Aus: SW 28, S. 454 [der komplette Text S. 453–454: Seine Entscheidung durchtragen. Gespräch mit *Norbert Steidl* über die Jugend, 1982] – Gespräch mit der Wiener Kirchenzeitung, die in der Tiroler Kirchenzeitung nachgedruckt wurde, später aufgenommen in: Karl Rahner, »Im Gespräch«, Bd. 2 (1983).

(2) Aus: SW 25, S. 404 [der komplette Text S. 401–415: Die Zukunft der Orden in Welt und Kirche heute] – Vortrag vom September 1970 vor einer größeren Tagung von Jesuiten in Olpe, der zuerst in »Geist und Leben« (1970), dann in dem Sammelband »Chancen des Glaubens« (1971) der Herderbücherei (Nr. 389) abgedruckt wurde.

(3) Aus: SW 25, S. 405 f. (optische Gestaltung des Textes mithilfe von drei Punkten nicht im Original): wie III. (2).

(4) Aus: SW 23, S. 38 f. (optische Gestaltung des Textes mithilfe von drei Punkten nicht im Original) [der komplette Text S. 31–46: Frömmigkeit früher und heute] – Wiederholt gehaltener Vortrag vom Herbst 1966, zuerst veröffentlicht in »Geist und Leben« (1966),

dann aufgenommen in Band 7 der »Schriften zur Theologie« (1966). Darin findet sich das vielzitierte Rahnerwort »Der Fromme von morgen wird ein ›Mystiker‹ sein, einer, der etwas ›erfahren‹ hat«. Siehe dazu Karl Rahner, »Gott erfahren – wie soll das gehen?« Hrsg. v. Andreas R. Batlogg und Peter Suchla, Ostfildern 2023, mit dem Kapitel »Mystische Erfahrungen im Alltag«, S. 75–83.

(5) Aus: SW 25, S. 409: wie III. (2).

(6) Aus: SW 31, S. 293 [der komplette Text S. 289–298: Zur Spiritualität gehört eine gelehrte Unwissenheit. Gespräch mit *Louis ter Steeg*. Fernsehporträt im KRO (Katholieke Radio Omroep), Hilversum, Niederlande, 1981]: Interview, abgedruckt in: Karl Rahner, »Im Gespräch«, Bd. 2 (1983).

(7) Aus: SW 28, S. 654 f.: wie II. (3).

(8) Aus SW 26, S. 514–516: wie II. (9).

(9) Aus SW 28, S. 548: wie II. (3).

Anmerkungen

1 Vgl. Hans Joas, Warum Kirche? Selbstoptimierung oder Glaubensgemeinschaft? Freiburg i. Br. 2022, S. 11.

2 Unser Verhältnis zur Kirche. Karl Rahner im Gespräch mit Studenten der Katholischen Hochschulgemeinde München, 1983, in: Karl Rahner, Sämtliche Werke, Band 31: Im Gespräch über Kirche und Gesellschaft. Interviews und Stellungnahmen. Bearbeitet von Albert Raffelt, Freiburg i. Br. 2007, S. 377–389, hier 379.

3 Siehe dazu auch Karl Rahner, Was Ostern bedeutet. Hrsg. v. Andreas R. Batlogg und Peter Suchla, Ostfildern 2017, sowie die weiteren Bände dieser Reihe.

4 Aaron Langenfeld, Die soteriologische Wende. Karl Rahner hat die Theologie des 20. Jahrhunderts geprägt wie nur wenige andere. Warum sein Denken bei aller Kritik bis heute aktuell ist, in: *Herder Korrespondenz* 78 (2024/3), S. 15–17, hier 17.

Karl Rahner
im Matthias Grünewald Verlag

Karl Rahner (1904–1984) war Jesuit und Theologe von Weltrang. Sein Anliegen war die Vermittlung von theologischer Tradition und modernem Denken. Er hatte großen Einfluss auf das Zweite Vatikanische Konzil und prägte die Grundlinien der Theologie im deutschen Sprachraum bis heute.

Die von Andreas R. Batlogg und Peter Suchla im Matthias Grünewald Verlag herausgegebene Reihe stellt Texte aus dem Werk Karl Rahners vor, die zeigen, wie christlicher Glaube das Leben auch heute bereichern kann.

Gott erfahren –
wie soll
das gehen?
Gebunden mit Leseband
96 Seiten
ISBN 978-3-7867-3344-7

Würde mir
Gott
fehlen?
Gebunden mit Leseband
96 Seiten
ISBN 978-3-7867-3316-4

Jesus nachfolgen – anders als gedacht
Gebunden mit Leseband
80 Seiten
ISBN 978-3-7867-3303-4

Warum Beten manchmal schwerfällt – und was daran gut ist
Gebunden mit Leseband
88 Seiten
ISBN 978-3-7867-3240-2

Vom
Unterwegssein,
Pilgern
und Ankommen
für immer
Gebunden mit Leseband
80 Seiten
ISBN 978-3-7867-3248-8

Im Alltag
nicht alltäglich
werden
Gebunden mit Leseband
64 Seiten
ISBN 978-3-7867-3181-8

Von der Kraft,
täglich neu
zu beginnen
Gebunden mit Leseband
64 Seiten
ISBN 978-3-7867-3211-2

Alt werden
und
lebendig bleiben
Gebunden mit Leseband
120 Seiten
ISBN 978-3-7867-3274-7

Advent –
Von der tiefen
Sehnsucht
unseres Lebens
Gebunden mit Leseband
80 Seiten
ISBN 978-3-7867-3147-4

Von der stillen
Weihnacht
unseres Herzens
Gebunden mit Leseband
80 Seiten
ISBN 978-3-7867-3193-1

Ostern:
Es hat alles
schon begonnen,
gut zu werden
Gebunden mit Leseband
96 Seiten
ISBN 978-3-7867-3327-0

Maria –
uns ähnlicher,
als wir denken
Gebunden mit Leseband
80 Seiten
ISBN 978-3-7867-3358-4